일과 사람
07 목장 농부

노야네 목장은 맨날 바빠!

조혜란 쓰고 그림

사계절

노야가 학교에서 돌아오면 식구들이 반겨 줍니다.
할아버지, 할머니, 아빠와 삼촌
그리고 강아지 누렁이가요.
저 뒤에서 "노야!" 하고 엄마가 부르네요.
엄마가 오늘은 일터에서 일찍 퇴근했어요.
아, 노야를 반겨 주는 식구가 또 있어요.

바로 젖소들입니다. 먹순이, 허연이, 점순이가 "푸르릉 푸우우!" 인사해요. 노야는 학교에서 돌아오면 꼭 우유를 한 잔 마셔요.
"소들아, 고마워!"
젖소들은 대답 대신 우적우적 여물을 씹어요. 몸이 까만 먹순이는 가끔 혀로 콧구멍을 핥기도 하고 "킁!" 소리를 내기도 합니다. 노야가 좋아하는 소리예요.
노야가 엄마한테 말했어요.
"나도 집에서 소들을 돌보고 싶어."
"그래라."
다음 날 노야는 학교에 현장 학습 신청서를 냅니다. 앞으로 보름 동안 집에서 어른들과 함께 소를 돌볼 거예요.

노야는 먹순이를 가장 좋아합니다. 먹순이가 우물우물
풀을 씹고 있으면, 노야도 밥을 먹고 싶어져요.
먹순이는 풀을 대충 씹어 삼켜도 걱정이 없어요. 배 속에 위가
네 개나 있거든요. 소화가 덜 된 풀을 다시 입으로 올려서
질겅질겅 씹어서 삼키기도 해요.
이렇게 먹이풀은 입과 위 네 개를 거치면서 아주 소화가
잘됩니다. 풀에서 나온 영양분은 몸 구석구석을 다니며
많은 일을 해요. 물론 젖을 만드는 일도 하지요.

먹순이는 젖을 하루에 20리터나 만들어 내요.
노야네는 젖 짜는 소가 스물아홉 마리니까,
하루에 20×29=580, 580리터를 짜내지요!
가게에 있는 1리터짜리 우유가 580개나 나오는
거예요.

목장에서 짠 젖을 바로 가게에서 파는 건 아니에요.
냉장차에 실어서 우유 공장으로 보내요.
공장에 도착한 젖은 여러 기계를 거쳐야 합니다.

먼저 신선하고 좋은 젖인지 검사를 하고, 젖에 섞인 먼지도 걸러요. 뜨거운 열로 나쁜 균을 없애고 다시 식혀요. 그런 다음 종이 갑이나 플라스틱 통에 담아 가게로 보내요.

전에는 노야네 목장도 우유 공장에 소젖을 팔았어요. 그런데 우유 공장은 소젖을 딱 정해진 양만 가져갔어요. 노야네 젖소들은 그보다 더 많은 젖을 냈는데 말이에요. 할머니는 남은 젖을 이웃에 나누어 주고, 밭에 거름으로 주기도 했어요. 그래도 젖은 많이 남았어요.

하루는 할머니가 탱탱하게 불어 오른 소의 젖통을 보며 말했어요.
"젖이 저 안에 그대로 있으면 얼마나 좋을까?"
하지만 젖이 날마다 차올라서, 제때 짜지 않으면 병이 나요. 먹기만 하고 똥을 못 누면 병이 나는 것과 똑같아요. 노야는 할머니한테 말했어요.
"남은 젖으로 간식을 만들어 주세요!"

우유로 만드는 맛있는 간식

고소한 버터

우유갑에 우유를 반만 넣고 한참 동안 마구 흔든 다음, 우유갑 벽에 얇게 붙은 버터를 긁어내요.

쫀득쫀득한 치즈

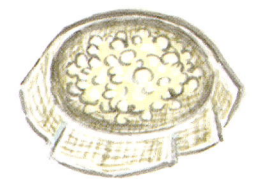

우유에 소금을 넣고 끓이다가 보글보글 끓어오를 때 불을 끄고 식초나 레몬즙을 넣으면 몽글몽글 뭉쳐요. 보자기에 받쳐서 꼭꼭 눌러 물기를 빼면 치즈 완성!

새콤달콤한 요구르트

그릇에 따뜻한 우유와 요구르트를 넣고 잘 섞은 다음 밥솥에 넣고 보온 단추를 눌러요. 40분쯤 지나면 보온을 끄고 가만히 두어요. 그대로 여덟 시간 기다리면 새콤한 요구르트! 차게 식혀서 꿀이나 잼을 섞으면, 으흠!

할머니가 만든 간식을 맛보느라 모두 조용했어요.
할아버지가 빵에 버터를 바르고 치즈를 넣어 오물오물 먹다가 말했습니다.
"내 요구르트가 어디 갔지?"
할아버지 요구르트 그릇이 자리에 없었어요.
"제 거 드세요."
앗, 할머니랑 아빠랑 엄마랑 삼촌 요구르트도 없어졌어요!
노야가 다 마셔 버리고, 누렁이한테도 나누어 주었네요.
"이거 친구들이랑 같이 먹고 싶어요, 할머니!"
할머니가 고개를 끄덕이며 말했습니다.
"그래, 세상에서 가장 맛있는 요구르트를 만들어 보자!"

할머니는 연구실 박사님처럼 요구르트를 한꺼번에
많이, 맛있게 만드는 법을 연구했어요. 요구르트를
만드는 데 꼭 필요한 건 우유, 젖산균, 따뜻한
온도예요. 노야도 중요한 일을 맡았어요. 맛보는
일이지요!

먹순이 젖을 끓여서 균을
없애요. 요구르트 만들기 좋게
따뜻한 온도로 식혀요.

전기밥솥에 넣고 보온을 누른 채
너무 오래 두었어요. 이런, 순두부처럼
익어 버렸어요! 너무 뜨겁게 하면 안 돼요.

포도즙도 넣어 보고 사과즙도
넣어 봤어요. 과일즙을 너무 많이
넣었더니, 묽어졌어요.

전기 오븐에 넣고 세 시간을 기다리기도 하고,
일곱 시간을 기다리기도 했어요. 입맛에 딱 맞는
발효 시간을 찾으려고요.

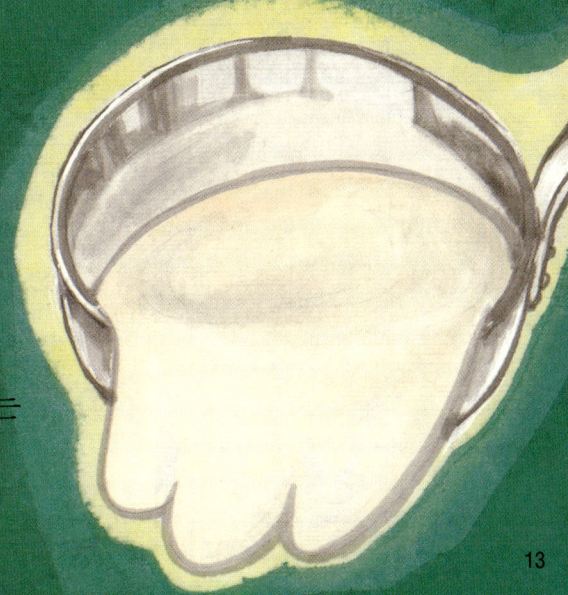

드디어 노야가 엄지를 추켜세웠어요.
사과즙을 넣은 요구르트였어요.
할머니는 '요구르트 연구 수첩'을 열어서
빨간 동그라미를 쳤어요. 세상에서 가장 맛있는
요구르트 만드는 법을 찾았어요.

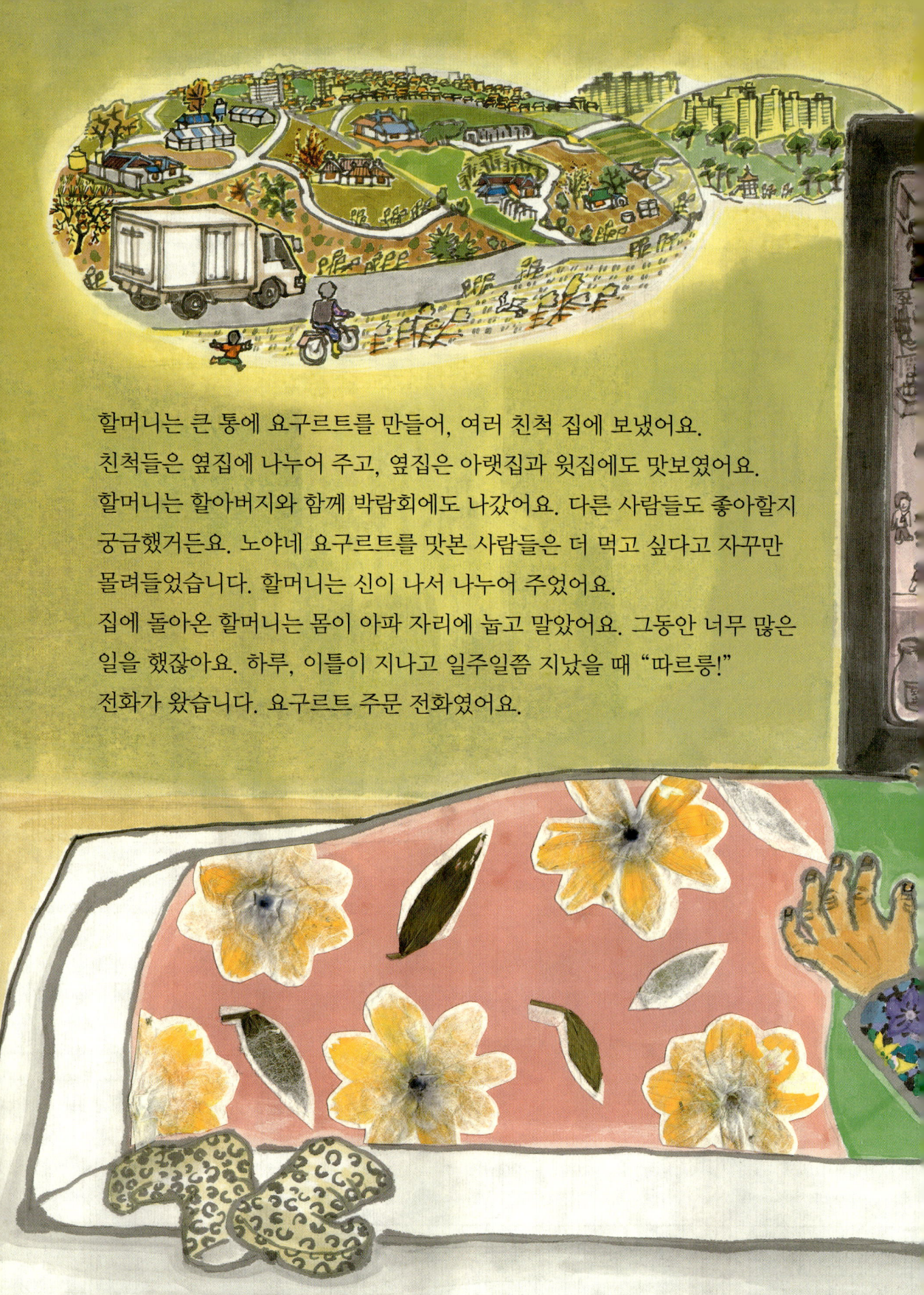

할머니는 큰 통에 요구르트를 만들어, 여러 친척 집에 보냈어요.
친척들은 옆집에 나누어 주고, 옆집은 아랫집과 윗집에도 맛보였어요.
할머니는 할아버지와 함께 박람회에도 나갔어요. 다른 사람들도 좋아할지 궁금했거든요. 노야네 요구르트를 맛본 사람들은 더 먹고 싶다고 자꾸만 몰려들었습니다. 할머니는 신이 나서 나누어 주었어요.
집에 돌아온 할머니는 몸이 아파 자리에 눕고 말았어요. 그동안 너무 많은 일을 했잖아요. 하루, 이틀이 지나고 일주일쯤 지났을 때 "따르릉!" 전화가 왔습니다. 요구르트 주문 전화였어요.

친척들과 친척의 이웃들이 참 맛있다며 사 먹고 싶댔어요.
어떤 식품 회사도 아주 많이 주문하기로 했어요.
이제 할머니 혼자서는 요구르트를 다 만들 수 없었어요.
노야네는 공장을 지었어요. 요구르트를 한꺼번에
많이 만들 수 있는 큰 쇠통을 두 개나 들였어요.
노야 방만큼 커다란 냉장고도 갖다
놓았고요. 이렇게 요구르트를 만든 지
벌써 일 년이나 됐어요. 이제는 소젖이
남는 일이 없습니다.

오늘부터 노야도 목장 일을 거듭니다. 할아버지를 따라가서 송아지한테 우유를 먹이기로 했어요. 노야랑 송아지는 우유를 나누어 먹는 사이잖아요. 노야는 송아지한테 젖병을 물리다가 깜짝 놀랐어요. 젖병을 빠는 힘이 아주 세었거든요. 할아버지가 "하하하!" 웃었습니다. 소를 보살피는 일은 할아버지가 합니다. 먹이도 주고, 소들이 노는 운동장도 청소해요. 소똥으로 거름 만드는 일도 하고요.

할아버지는 젖소들이 아플 때나 힘들 때나 언제든 달려갑니다.

얼룩이가 새끼 낳을 때가 됐어요. 며칠 동안 엎드려 "음머음머." 울었어요. 할아버지도 얼룩이 소리에 밤잠을 못 잤어요. 드디어 얼룩이가 새끼를 낳아요. 할아버지가 도와줍니다.

얼룩이 젖을 짜서 송아지한테 먹입니다.

허연이가 어제부터 절룩거려요. 저런, 발굽 사이에 혹이 났네요. 할아버지가 물약으로 치료해 줍니다.

헉헉이는 며칠째 물똥을 누어요. 배탈이 났나 봐요. 할아버지는 헉헉이를 꼼짝 못하게 잡아매고 약을 먹입니다.

할아버지는 소들이 놀고 쉬고 자는 운동장에 왕겨를 깔아 줍니다. 소똥을 바로바로 치워야 더러워지지 않아요. 일주일에 한 번은 거뭇해진 왕겨를 싹 걷어 내고 새로 깔아 줍니다. 소들은 뽀송뽀송하고 깨끗한 왕겨를 좋아하거든요. 소들이 행복해야 좋은 젖이 나옵니다. 깨끗한 곳에서 살아야 병에 걸리지 않고요. 할아버지는 소똥과 왕겨를 섞어 헛간에 쌓아 둡니다. 그러면 시큼한 냄새를 풍기며 잘 썩어 거름이 됩니다.

이 거름은 노야 아빠가 씁니다. 아빠는 소들이 먹을 풀을 기르거든요.
잘 썩은 거름을 밭에 뿌리면 김을 모락모락 내며 거친 밭에 스며듭니다.
씨앗이 잎을 내고 건강히 자랄 때까지 잘 키워 줄 땅이 되겠지요.
이 밭에서 자란 풀은 맛있고 영양도 많을 거예요. 이 풀을 먹으면
소들이 더 기분 좋고 튼튼해지겠지요. 들에서 일하는 아빠도 기분이
좋습니다.

한 달이 지나고 두 달이 지나고 여섯 달쯤 보살피면 풀이 노야 키만큼 자라요. 알곡이 여물기 전에 풀을 거둡니다. 오늘이 바로 풀을 거두는 날이에요. 첫 번째 트랙터가 풀을 눕히고 잘게 썰면 두 번째 트랙터가 둥글게 말아요. 세 번째 트랙터가 비닐로 꼭꼭 싸요. 한 덩이 한 덩이 늘어 가는 소먹이가 꼭 공룡 알 같아요. 그런데 비닐로 꼭꼭 싼 먹이풀 속에는 비밀이 들어 있습니다. 무얼까요?

굵은 비 한 방울이 노야의 이마에 톡 떨어집니다.
"비가 와요!"
아빠는 서둘러 먹이풀을 차곡차곡 쌓아 올려요.
마지막 한 덩이를 올리고 나니 빗방울이 거세어져요.
아빠는 그제야 트랙터에서 내려 "휴!" 하고
숨을 내쉽니다.
비바람에도 끄떡없을 소들의 먹이를 봅니다.

풀은 비닐 속에서 누렇게 익어 갑니다.
썩는 게 아니고, 김치처럼 익는 거예요.
비닐 속 비밀 때문입니다. 그것은 바로 젖산균!
요구르트에 넣는 그 젖산균을 비닐 속에 넣었어요.

발효한 먹이풀

마른풀

잘 익은 풀이랑 마른풀이랑 볏짚과 영양제를 섞어서 소들을 먹입니다. 풀을 먹은 소는 맛있는 젖을 내고, 똥을 눠요. 그 똥이 다시 거름이 되어 풀을 잘 키우고, 소를 살찌웁니다.

사료　　　발효제　　　영양제

해도 뜨지 않은 새벽, 할머니는 불을 환하게 켜요.
소젖을 짤 시간입니다. 노야는 하품을 하다가
눈물이 찔끔 납니다. 할머니는 쇠기둥을 철렁철렁
두드려 소들을 깨웁니다. 소들은 커다란 몸을
천천히 일으켜 세워요. 그러고는 "푸다닥 쫘르륵!"
똥과 오줌을 눕니다. 
어라, 점순이가 똥을 안 누네요. 할머니는 한달음에 달려가
점순이 엉덩이를 찰싹 때려요. 그제야 점순이는 "푸다닥 쫘르륵!"
눕니다. 이제 젖 짜는 방 앞에 줄을 섭니다.

젖 짜는 방에 들어온 소들은 양쪽에 일곱 마리씩 줄을 지어 섭니다. 탱탱하게 부푼 젖을 짜 주기를 기다려요. 노야가 젖꼭지에 물을 쏘면 소들이 꼬리를 살랑 흔들어요.

할머니는 깨끗하게 삶은 헝겊으로 젖꼭지를 꼼꼼히 닦습니다. 그리고 빨대 네 개가 달린 기계를 젖에 끼웁니다. 할머니는 탱탱한 젖이 쪼글쪼글해질 때까지 짭니다. 소들이 시원해합니다. 할머니도 활짝 웃어요. 이따가 저녁때 한 번 더 짤 거예요. 삼촌은 젖을 모아서 요구르트 공장으로 가져갑니다.

요구르트는 삼촌이 만듭니다. 삼촌은 먼저 요구르트 만드는 통 안으로 들어가요. 몸이 쑥 들어갈 만큼 큰 통이에요. 안에서 통을 깨끗이 닦아요. 우유가 닿았던 기계들도 싹싹 닦아요. 우유가 지나가는 길은 뜨거운 물로 소독합니다. 노야도 열심히 돕습니다.

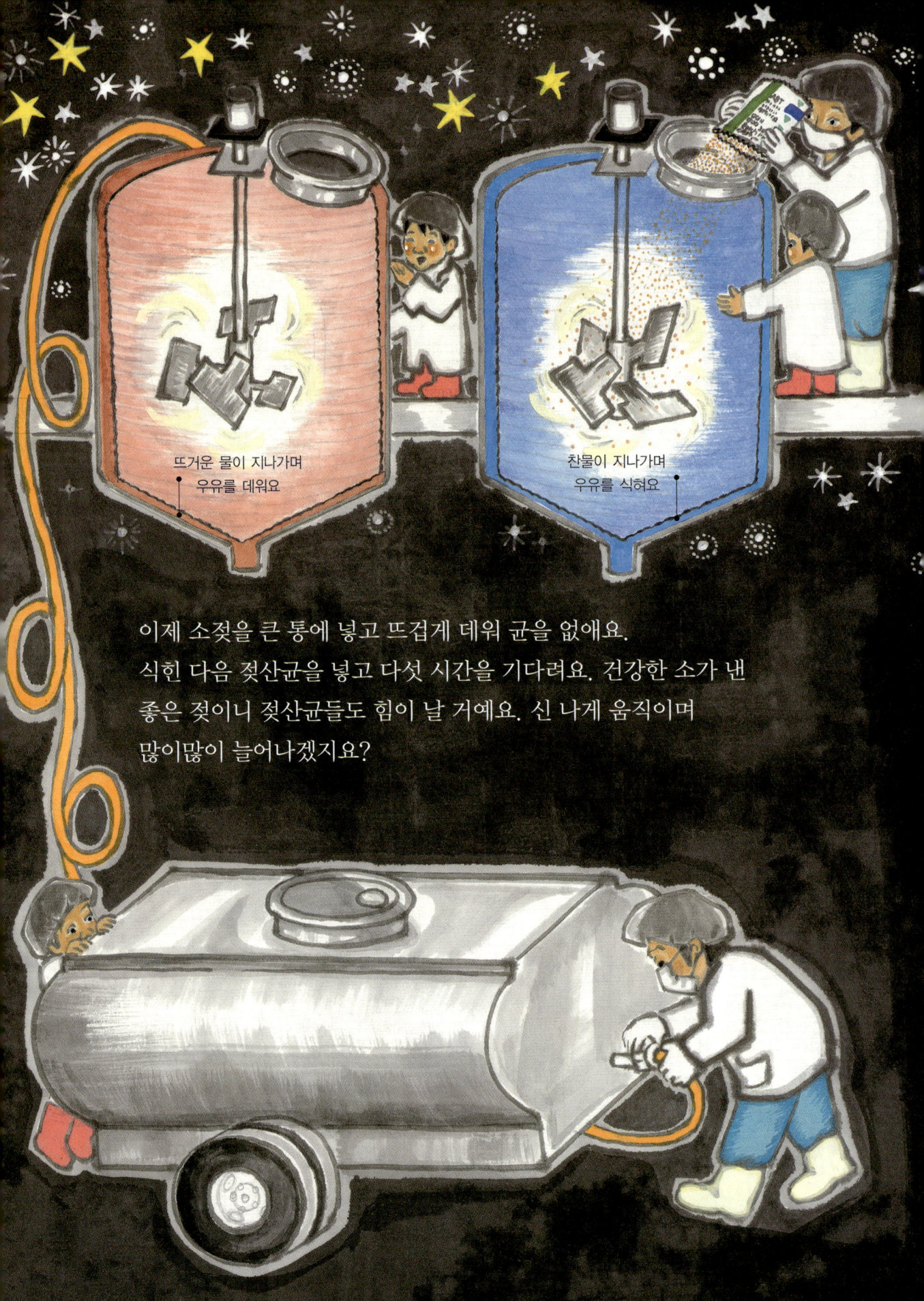

뜨거운 물이 지나가며 우유를 데워요

찬물이 지나가며 우유를 식혀요

이제 소젖을 큰 통에 넣고 뜨겁게 데워 균을 없애요. 식힌 다음 젖산균을 넣고 다섯 시간을 기다려요. 건강한 소가 낸 좋은 젖이니 젖산균들도 힘이 날 거예요. 신 나게 움직이며 많이많이 늘어나겠지요?

모두 깊은 잠에 빠져드는 시간입니다. 노야는 무슨 꿈을 꿀까요? 아마 친구들한테 맛난 요구르트를 자랑하는 꿈이겠지요. 그사이 젖산균은 우유를 요구르트로 만듭니다.

"찌르르릉!"
노야는 발딱 일어나 밤새 만들어진 요구르트를 맛보아요.
으음! 꿀맛입니다.
할머니가 노야 주려고 만들었던 바로 그 맛입니다.

날짜 찍는 기계

상표 붙이기

"요구르트 완성!"
노야가 가장 신이 났어요. 동네 아주머니들이 와서 요구르트를 부지런히 병에 담아요. 병에 상표를 붙이고, 날짜를 찍고, 상자에 담는 일도 합니다.

노야는 공장 앞에서 요구르트를 지키며 생각합니다. 젖을 내주는 젖소와
젖소에게 편안한 자리를 마련해 주는 할아버지와 소먹이를 만드느라
부지런히 농사짓는 아빠와 하루 두 번씩 꼬박꼬박 젖을 짜는 할머니,
그리고 밤새 요구르트를 만드는 삼촌을 생각합니다.
아, 멀리서 큰 차가 옵니다.

택배 차입니다. 할아버지, 할머니, 아빠와 삼촌이 모두 나와
요구르트를 차에 실어요. 요구르트는 택배 차에 가득 실려
집과 회사와 가게로 갑니다. 노야는 좋기도 하고 섭섭하기도
합니다. 친구들이랑 요구르트를 다 먹어 버리고 싶거든요.

요구르트는 강화도에서 돗자리 짜는 박 씨 아주머니네 집도 가고, 파주 젊은이의 팥빙수 가게, 인제 오미자 농장의 지연이한테도

태백의 똥 못 누는 아이네, 방귀가 심한 단양의 정 씨 동네도 가고,

"음매소 줘!" 하고 우는 청양의 빠꼼이네, 공주를 거쳐 청주의 어린이집, 안동 하회 마을과 경주 첨성대도 갑니다.

제주도, 칠곡 벌꿀 마을, 광주, 춘향이 그네 타던 남원, 전주의 한옥 마을까지

가고, 강릉과 횡성 안흥찐빵집에도 갑니다.

아산과 안성, 이천과 수원성에도 갑니다.

요구르트는 택배 차를 타고 나라 구석구석을 갑니다.

"노야야, 밭에 가자!"
할머니가 밭에서 시금치와 단호박, 무화과, 고구마를 뜯고, 따고, 캐다가 음식을 만들자고 합니다.
"오늘 무슨 날이에요?"
노야는 궁금해요.
"오늘은 할아버지와 할머니가 젖소랑 산 지 서른 해가 되는 날이란다!"
"그럼 케이크를 서른 개 만들어요!"
"오냐, 열 개짜리 세 개를 만들자!"
할머니가 대답합니다.

요구르트 스펀지케이크
세상에서 가장 맛있는 노야네 요구르트가 들어갔으니 정말 맛있겠지요?

시금치 케이크
케이크가 풀빛이라서 이상하다고요? 얼마나 맛있는데요. 먹고 또 먹고 싶은 맛이에요!

단호박 치즈 케이크
노오란 케이크를 한입 먹으면 "으음!" 소리가 저절로 나와요.

옥수수 막대 과자
할머니가 가장 잘 만드는 과자예요. 바삭바삭 바사삭!

무화과 잼 땅콩 과자
엄마랑 할머니가 과자를 만드는 동안 노야는 계속 땅콩 가루랑 무화과 잼을 찍어 먹었어요.

고구마 비스킷
포크로 콕콕 구멍을 내는 건 노야가 맡았어요. 비스킷 굽는 냄새가 정말 고소해요.

손님도 초대했어요. 오늘은 특별한 날이니까요.
요구르트 담는 아주머니들과 택배 아저씨입니다.
할아버지와 아빠와 삼촌은 부엌에서 음식을 들고 나옵니다.

노야와 할머니는 젖소들한테 버터와 당근, 감자와 고구마, 사과랑 들깨를 조금씩 먹이면서 인사합니다.
"좋은 젖을 많이 내주어서 고맙다!"
엄마는 송아지들한테 공갈 젖꼭지도 만들어 주었어요.

"오늘은 우리가 젖소랑 산 지 삼십 년이
되는 날이에요!"
할아버지가 말하니, 아저씨와
아주머니들은 이제부터 해마다
잔치를 하자고 합니다.
그러자 할머니가 대답했어요.
"좋지요. 열심히 일해 주어 고맙습니다.
앞으로도 잘 부탁해요."
"기념사진 찍어요!" 하고 노야 엄마가 말하니,
택배 아저씨가 찰칵 찍었어요.

🌸 노야 친구들도 왔어요. 모두 오랜만이에요.
"케이크랑 과자랑 요구르트 먹을래?"
노야가 물었더니, 옥이가 말했어요.
"노야 너 뭔가 달라진 것 같아! 커 버린 것 같다고!"
어른들도 말해요.
"맞아, 보름 만에 한 살 더 먹은 것 같아!"
"하하하하, 히히히히, 호호호호, 킥킥킥킥."
웃음소리가 하늘 높이 퍼집니다.
젖소들도 "움머어어어." 합니다. 🌸

요구르트 맛있어요!

옛날에는 냉장고가 없었어요. 날이 따뜻할 때는 먹을거리가 잘 상했어요.
사람들은 슬기롭게도 조금 더 오래 두고 먹을 수 있는 방법을 알아냈어요.
채소나 생선, 고기를 말려 두기도 하고, 설탕이나 소금에 절이기도 했어요.
요구르트도 그 가운데 하나랍니다.

누가 상한 우유를 처음 맛보았을까요?

사막에 사는 사람들은 낙타를 타고 물과 풀을 따라 옮겨 다니며 살았어요. 어느 날 사람들이 우유를 가죽 주머니에 넣어 낙타에 싣고 길을 떠났어요. 몇 시간 지나서 우유를 마시려고 했더니, 우유가 몽실몽실 덩어리져 있었어요. 다들 우유가 상했다고 했겠지요. 그런데 어떤 용감한 사람이 맛을 보았어요. 어쩌면 배고픈 사람이었을지도 몰라요. 먹어 보니 상한 우유랑은 맛이 달랐어요. 그게 바로 요구르트예요! 뜨거운 사막이니까 우유도 따뜻해졌고요, 우연히 거기에 들어간 젖산균이 우유를 발효시킨 거지요.

발효가 뭘까요?

음식은 오래 두면 썩어요. 그런데 썩지 않고 몸에 좋고 맛도 좋은 음식으로 바뀔 때가 있어요. 발효 음식이에요. 젖산균처럼 특별한 작은 생물이 음식을 만나서 벌어지는 일이에요. 우유가 요구르트나 치즈가 되는 것처럼 말이에요. 꼭 자연이 부리는 마술 같지요? 된장이나 간장, 빵, 젓갈, 식초, 맥주도 발효 음식이에요.

소야, 고마워!

아주아주 오랜 옛날에는 사람들이 아직 농사를 지을 줄 몰랐어요. 저절로 자란 풀이나 나무 열매를 먹었어요. 물고기를 잡고 사냥도 했지만, 허탕 치는 날이 더 많았어요. 그러다 사람들은 순한 동물들을 잡아 길들이기 시작했어요. 소, 개, 닭, 오리, 염소, 양, 돼지나 말을 길러서, 먹기도 하고 일도 시켰어요.

우리나라에서는 소를 귀하게 여겼어요. 소가 한 마리씩 늘어날 때마다 온 가족이 아주 기뻐했어요. 자식이 학교에 들어가거나 시집 장가를 갈 때는 소를 팔아 돈을 마련하기도 했어요. 정든 소가 팔려 갈 때 아이들이 엉엉 울곤 했지요. 소는 사람들한테 많은 걸 내주어요. 참 고맙고 미안하지요.

일하는 소
소는 사람보다 몸집이 크고 힘이 세지요. 그래서 밭을 갈고, 무거운 짐을 실은 달구지도 끌었어요. 소가 없었다면 농사짓기 아주 힘들었을 거예요.

젖을 내주는 소
젖소들은 다른 소들보다 젖이 특별히 커서 젖이 많이 나와요. 먹을 것이 귀하던 시절에 소젖은 영양이 많은 소중한 음식이었어요. 엄마 젖이 모자란 아기들도 젖소 덕분에 분유를 먹으며 자랄 수 있어요.

고기를 내주는 소
사냥해서 먹고살 때는 고기를 먹기가 참 힘들었는데, 소 덕분에 훨씬 자주 먹을 수 있어요. 가죽으로는 옷이나 신발도 만들지요. 지금은 따뜻한 옷감이 많아서 꼭 가죽을 쓰지 않아도 되지만요.

동물들도 즐겁게!

옛날에는 소도 돼지도 닭도 들이나 산에서 자유롭게 살았어요. 사람들이 기르면서부터 갇혀 살게 되니 갑갑했을 거예요. 그래도 집집마다 몇 마리씩 기르던 시절에는 소는 들로 일하러 나가기도 하고, 닭은 마당에서 어슬렁거리기도 했어요. 그런데 사람들이 한꺼번에 많은 동물들을 우리에 몰아넣어 기르게 되면서, 동물들이 더 힘들어졌어요. 동물도 사람처럼 기쁨과 슬픔도 알고, 괴로워하기도 하거든요. 요즘은 동물들이 사는 환경을 좋게 하려는 목장들이 생겨났어요. 우리에게 우유도 주고 달걀도 주고 고기도 주는 고마운 동물들, 조금이라도 즐거웠으면 좋겠어요.

맘껏 움직여야 기분이 좋아요

아주 넓은 풀밭에서 소와 돼지와 닭이 마음껏 돌아다니며 풀이나 벌레를 먹게 하는 목장들이 있어요. 동물들은 본디 살던 대로 사니까 기분이 좋아요. 그러니 병에도 잘 안 걸리고, 싸워서 다치는 일도 별로 없어요. 이런 목장이 많지는 않아요. 넓은 땅을 구하기가 쉽지 않거든요. 아직은 좁은 집에 사는 소들이 더 많아요. 이런 곳에 사는 소는 정말 힘들 거예요. 그래서 동물들이 사는 집을 넓게 지어 준 목장들도 있어요. 노야네 목장처럼요. 노야네는 소 한 마리가 차지하는 공간이 우리가 사는 집만큼 넓어요. 소는 몸집이 아주 커서, 그 정도는 넓어야 운동도 하고 놀 수도 있어요.

깨끗한 걸 좋아해요

방이 더러우면 엄마가 꼭 돼지우리같이
지저분하다고 나무랄 때가 있지요. 사실 돼지는 깨끗한 걸 좋아해요.
똥오줌으로 덮인 곳에서 지내면 아주 우울해한대요. 동물들도
우리랑 똑같다니까요. 똥오줌 위에 앉으면 병에 걸리기도 해요.
자꾸 병에 걸려서 약을 자주 먹으면, 그 동물의 우유나 고기를 먹는
우리한테도 좋지 않아요. 노야 할아버지가 왜 부지런히 똥을
치우는지 알겠지요?

맛있는 걸 좋아해요

동물마다 좋아하는 먹이가 따로 있어요. 닭은 벌레를 좋아하고요,
고양이는 고기를 먹어야 해요. 몸에 맞는 먹이를 먹어야 잘 소화할 수
있거든요. 소는 풀을 먹는 동물이에요. 우리가 과자만 먹고 살 수 없는
것처럼, 소도 사료만 먹으면 괴로울 거예요. 그래서 노야네 아빠가
먹이풀을 농사지어 젖소한테 먹이는 거예요.

작가의 말

노야도 자라고 나도 자랐어

　나는 흙이 좋아서 몇 년 전에 도시에서 시골로 이사 왔어. 시골로 오니 참 좋아. 그리고 싶은 것이 늘 곁에 있거든. 경운기를 그리고 싶으면 내 앞에 경운기가 서 있어. 새를 그리고 싶으면 새가 날아가고, 개를 그리고 싶으면 개가 짖어. 할머니를 그리고 싶으면 할머니가 너무 많이 앉아 계시지. 이곳에서는 무얼 보거나 듣거나 읽거나 하면 이야기가 줄줄 떠올라. 노야네 목장에 갔을 때도 그랬어. 머릿속에 줄줄이 그림들이 떠올라서 바로 이야기를 짤 수 있었어.

　노야가 사는 곳은 홍성에 있는 홍동이라는 마을이야. 오리쌀로 이름난 곳이지. 독한 약으로 벌레를 죽이는 대신 오리한테 벌레를 잡아먹게 해서 벼농사를 짓는 곳이야. 가을걷이 때가 되면 도시 사람들을 불러서 농사 음식도 맛보이고 재미있는 행사도 해. 나도 서울에서 살 때 해마다 가서 메뚜기도 잡고 오리쌀도 가져오곤 했어. 그래서 이 마을에 있는 노야네 목장을 취재하러 드나들면서 더 반갑고 좋았지.

　노야네 젖소를 보고 있으면, 시커먼 교복 입은 남자 고등학생이 껌을 씹으며 나를 보고 있는 것 같아서 쑥스러웠어. 할아버지가 똥 치우는 모습을 보면 내가 똥이 되어 날아갈 것 같아서 기둥을 꼭 잡았고. 할머니가 소젖 짜는 모습을 보면 내가 아이 낳고 젖을 짤 때가 생각났어. 참 시원해. 아빠가 쟁기질하는 건 커다란 손가락이 땅의 등을 긁어 주는 것 같아서 내 등도 같이 시원해지더라. 삼촌이 요구르트를 만들 때는 밤새 젖산균이 젖 속에서 새끼를 친다고 생각하니 웃음이 나왔어. 택배 차에 실리는 요구르트 상자는 가마 타고 시집가는 새색시 같았지.

　밑그림을 그려 가고 있을 무렵 구제역이라는 돌림병이 온 나라를 휩쓸었어. 동물들을 산 채로 땅속에 묻는 모습이 자꾸 텔레비전에 나오는 거야. 동물들이 깜깜한 흙 속에서 죽어 가며 무슨 생각을 했을까? 사람으로 태어난 게 부끄럽고

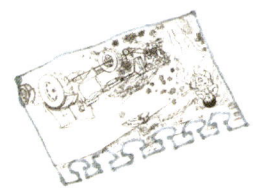

마음이 조여들었어. 다행히 노야네 마을까지는
돌림병이 오지 않았어. 그림 그리기 위해 만났던
소들이 병에 걸리지 않은 것은 정말 다행이었지.
  그림을 완성하려면 시간이 꽤 많이 들어.
몇 달씩 집안에 틀어박혀 그려야 하거든.
그리기뿐인가. 오려 붙이기도 하고, 뿌리기도 했어.
너무 열심히 해서 그런지 작업이 끝나갈 무렵에는
얼빠진 사람처럼 되었지. 하지만 괜찮아. 노야네 목장
이야기를 어린이들이 사랑해 준다면
다시 명랑해질 테니까.
노야처럼 나도 이 책을
만드는 동안 내 나이보다
한 살 더 먹은 것 같아.

글·그림 **조혜란**

충남 서천 시골 마을에서 나고 자랐습니다. 집에서 토끼, 염소, 개, 닭을 길렀는데, 밥 주는 일을 맡았습니다. 동물들과 형제처럼 자랐어요. 특히 개하고 친했습니다. 엄마 몰래 개밥을 참기름에 비벼 주기도 했거든요. 그때의 어린이 마음으로 그림책을 만들고 있습니다.
어른이 되어 도시에서 살았지만, 지금은 다시 시골에서 가족들과 함께 고양이를 키우며 살고 있습니다.
쓰고 그린 책으로『참새』『할머니, 어디 가요? 앵두 따러 간다!』『할머니, 어디 가요? 쑥 뜯으러 간다!』『할머니, 어디 가요? 밤 주우러 간다!』『할머니, 어디 가요? 굴 따러 간다!』가 있고,『똥벼락』『달걀 한 개』『조선의 여걸 박씨 부인』『삼신 할머니와 아이들』『옹고집전』들에 그림을 그렸습니다.

도와주신 분 평촌 목장(신관호, 김연옥, 신강수, 신준수, 신노야)

일과 사람 07 목장 농부
노야네 목장은 맨날 바빠!
2012년 4월 20일 1판 1쇄
2022년 1월 31일 1판 7쇄

ⓒ조혜란, 곰곰 2012

글·그림 : 조혜란 | 기획·편집 : 곰곰_전미경, 심상진, 안지혜
디자인 : 달·리크리에이티브 | 제작 : 박흥기 | 마케팅 : 이병규, 이민정, 최다은
홍보 : 조민희, 강효원 | 출력 : 한국커뮤니케이션 | 인쇄 : 코리아 피앤피 | 제책 : 책다움
펴낸이 : 강맑실 | 펴낸곳 : (주)사계절출판사 | 등록 : 제406-2003-034호
주소 : (우)10881 경기도 파주시 회동길 252
전화 : 031)955-8588, 8558 | 전송 : 마케팅부 031)955-8595 편집부 031)955-8596
홈페이지 : www.sakyejul.net | 전자우편 : picturebook@sakyejul.com
블로그 : skjmail.blog.me | 페이스북 : facebook.com/sakyejulpicture
트위터 : twitter.com/sakyejul | 인스타그램 : sakyejul_picturebook

값은 뒤표지에 적혀 있습니다. 잘못 만든 책은 구입하신 서점에서 바꾸어 드립니다.
사계절출판사는 성장의 의미를 생각합니다. 사계절출판사는 독자 여러분의 의견에 늘 귀 기울이고 있습니다.
이 책은 저작권법에 따라 보호받는 저작물이므로 무단전재와 무단복제를 금합니다.

ISBN 978-89-5828-608-0 74370 ISBN 978-89-5828-463-5 74370(세트)